L
aux 4 cercueils

Bayard
CANADA

Catalogage avant publication de Bibliothèque et Archives nationales du Québec
et Bibliothèque et Archives Canada

Chartrand, Lili

La maison aux 4 cercueils
(Œil de lynx)
Pour les jeunes de 9 ans et plus.
ISBN 978-2-89770-074-4
I. Titre. II. Collection : Collection Œil de lynx.

PS8555.H4305M37 2017 jC843'.6 C2016-941916-9
PS9555.H4305M37 2017

Dépôt légal – Bibliothèque et Archives nationales du Québec, 2017
Bibliothèque et Archives Canada, 2017

Direction éditoriale : Sylvie Roberge
Direction littéraire et artistique : Thomas Campbell
Révision : Sophie Sainte-Marie
Conception de la couverture : Marquis Interscript
Illustration de la couverture : Annie Rodrigue
Mise en pages intérieur : Marquis Interscript
Illustrations intérieures : © Shutterstock

Financé par le gouvernement du Canada | Canada

Nous reconnaissons l'appui financier du gouvernement du Canada.

Conseil des arts du Canada / Canada Council for the Arts

Nous remercions le Conseil des arts du Canada
de l'aide accordée à notre programme de publication.

Cet ouvrage a été publié avec le soutien de la SODEC. Gouvernement du Québec – Programme de crédit d'impôt pour l'édition de livres – Gestion SODEC.

Bayard Canada Livres
4475, rue Frontenac, Montréal (Québec) Canada H2H 2S2
edition@bayardcanada.com
bayardlivres.ca

Imprimé au Canada

Offert en version numérique
numérique
978-2-89770-075-1
bayardlivres.ca

À *Eux*.

Prologue

C'est le pire été de ma vie ! Perché dans ma cabane au fond de la cour, je pense à l'école qui recommence bientôt et j'ai presque hâte ! Bien que je sois solitaire et curieux, ces longues vacances sans mes meilleurs amis, Clovis et Lulu, ont été assez ennuyeuses.

Une chance que j'ai mis la main sur des BD à la librairie Pissenlit. À défaut de vivre des aventures à Belle-de-Nuit, je dévore *Les péripéties du capitaine Crevasse*, dont le côté étrange me ravit. Je m'empare de l'avant-dernier numéro et je grimace. Il y a deux jours, j'ai consulté le tout nouveau dentiste du village. En plus de me créer une douleur sourde et permanente, mes plombages me laissent un goût amer dans la bouche.

Disons que cet été lamentable ne restera pas gravé dans ma mémoire... J'aimerais tellement être à la place du capitaine Crevasse !

1

Un village fantôme

Pendant les vacances, Belle-de-Nuit ressemble vraiment à un village fantôme. La plupart des habitants quittent les lieux tellement la vie y est monotone. Malgré son nom accrocheur, les touristes ne s'y arrêtent pas. Dommage, un puissant parfum embaume l'air dès la tombée du jour, quand les belles-de-nuit ouvrent leurs corolles. Ces fleurs poussent ici comme de la mauvaise herbe !

Quand je veux me rendre au centre du village, ça ne me prend que dix minutes en vélo. Une église imposante attire tout de suite le regard. À sa gauche, il y a un magasin général et un stand à patates. À sa droite, une station d'essence côtoie un cabinet dentaire et la librairie Pissenlit. L'école, l'hôpital, le poste de police ainsi que les autres commerces se trouvent dans la ville voisine, à Saint-Trouvert. Cet endroit est réputé pour son club de golf, un sport qui m'ennuie énormément.

Je broie du noir dans ma cabane, quand ma mère sort de la maison pour étendre la lessive sur la corde à linge. Elle raffole des années 1950. Elle a le *look* de cette époque : une coupe au carré et une robe évasée assortie à la couleur de ses souliers. Dans le village, on la remarque tout de suite ! Elle participe à tous les concours de cuisine possibles. Elle est très fière de ses prix qui s'accumulent dans les armoires : grille-pains, robots et chaudrons.

— Aristide, crie-t-elle, profite donc du beau temps et de la fin de ton congé scolaire !

Je soupire. Facile à dire ! Clovis, Lulu et les autres enfants s'amusent dans une colonie de vacances ou au bord de la mer. Cette année, l'argent réservé pour mon camp d'été a servi à réparer notre toiture.

Ma mère m'interpelle de nouveau :

— Aristide, tu m'entends ? J'ai appris qu'une famille a emménagé dans la maison hantée il y a deux jours.

Je tends l'oreille. Cette demeure est inhabitée depuis des dizaines d'années. Tout le monde l'appelle « la maison hantée », car elle ressemble à celles des films d'horreur. Malheureusement, il n'y a pas de fantômes. Je l'ai explorée à plusieurs reprises avec Lulu et Clovis, grâce à un soupirail découvert derrière des buissons de belles-de-nuit. Cette maison, je la connais comme ma poche ! Un petit secret que mes parents ignorent.

— Ils ont une fille de ton âge, poursuit-elle. Tu devrais leur rendre visite.

Je lève les yeux au ciel.

— Il paraît qu'ils sont bizarres, ajoute-t-elle.

Quel mot plaisant à mes oreilles ! Je sors la tête de ma cabane et m'informe :

— Comment ça, bizarres ?

— Je savais que ça t'intéresserait. Personne ne les a encore vus, sauf madame Crocus.

Pas étonnant, on la surnomme « La Fouine ».

— Ils déambulaient dans la rue vers minuit et ils avaient une drôle d'allure...

Je dégringole de l'arbre. Si c'étaient d'étranges créatures, comme des zombies, des loups-garous ou des vampires ? Ce serait trop *cool* !

— J'ai préparé mes biscuits aux pépites de chocolat, déclare ma mère avec un petit sourire. Pourquoi n'irais-tu pas leur en apporter en guise de bienvenue ?

* * *

Le soleil brille dans le ciel. Tout en marchant vers le bout de la rue, je réfléchis. Si ce sont des vampires, je doute qu'ils me répondent. Ils doivent dormir dans leurs cercueils. Un petit frisson me traverse le dos.

J'arrive devant la maison de La Fouine. Que fabrique-t-elle à quatre pattes dans sa plate-bande ? Je m'approche.

Une loupe à la main, elle examine les fleurs closes en se léchant les lèvres.

— La F... euh, Madame Crocus, vous allez bien ?

Elle tourne la tête. Elle a l'air ridicule avec ses énormes lunettes noires et son sombrero géant. D'une voix monocorde, elle me répond :

— Je me porte à merveille. Mes belles-de-nuit forment un joli tableau si appétissant. Regarde, ordonne-t-elle en me saisissant le bras.

J'ai l'impression qu'un oiseau de proie m'emprisonne entre ses griffes. Je tombe à genoux. D'un coup sec, je me relève et proteste :

— Vous me faites mal !

Je heurte ses lunettes au passage. Ses yeux d'ordinaire très vifs sont aussi expressifs que ceux d'un poisson mort. Elle remet aussitôt ses verres fumés et continue son drôle de manège en ignorant ma présence.

Soudain, je me retourne, car j'ai la sensation d'être épié. Pourtant, rien ne bouge du côté de la maison hantée. C'est vrai qu'elle n'est pas accueillante avec sa façade sombre et son terrain broussailleux. L'œil-de-bœuf du grenier est couvert d'une planche, et les fenêtres sont tellement sales qu'elles se confondent avec les murs. On dirait que ces nouveaux locataires ne raffolent pas du ménage ni de la lumière du jour...

Tout à coup, j'hésite à monter l'escalier du perron. Si Clovis et Lulu me voyaient, ils me traiteraient de poule mouillée ! Mon incertitude s'envole instantanément.

Je frappe le heurtoir en forme de lion contre la porte. Après une minute d'attente, je cogne de nouveau. Pas de réponse. Je pourrais me glisser dans notre entrée secrète, mais si les locataires me surprennent, j'imagine la tête de ma mère et la colère de mon père !

Tant pis, je laisse le panier devant le seuil.

2

Les magazines Mam'zelle

Je décide de me rendre en vélo à la librairie pour me changer les idées.

Je ne croise quasiment personne.
Je m'arrête devant l'entrée du Pissenlit en faisant tinter ma sonnette. Maurice, qu'on surnomme « Momo », apparaît sur le seuil, le sourire aux lèvres. Les cheveux hirsutes, grand et mince comme une feuille de papier, il me rappelle un céleri.

Pendant son congé universitaire, il ouvre la librairie de livres d'occasion que son grand-père lui a léguée. Momo poursuit des études en chimie et s'intéresse à la science-fiction. Je l'aime bien. Il est comme le grand frère que j'aurais adoré avoir.

— Salut, Ari ! Tu as déjà terminé tes BD ?

— Presque. J'ai pensé que tu avais peut-être reçu d'autres trésors.

— Derrière le comptoir, il y a une boîte que je n'ai pas encore ouverte.

Le cœur battant, j'entre en espérant découvrir un lot d'histoires bizarres. Mon attirance pour l'étrange doit venir de mon arrière-grand-père Nicéphore, un intrépide explorateur. Pendant des années, il a cherché à prouver l'existence des créatures fantastiques comme les fées, les ogres, les licornes, les fantômes... sans succès. Quand j'ai appris que son expression préférée était « misère ! », c'est devenu la mienne aussi.

J'ouvre la boîte. Il n'y a que des romans à l'eau de rose ! Non merci, je passe mon tour. Une encyclopédie de chimie traîne sur le comptoir. Momo est vraiment accro à cette science !

Je sors et j'examine la vitrine qui n'a pas changé depuis la semaine dernière.

— Tu n'arrives pas à vendre tes magazines d'une autre époque ? Je crois que ça intéresserait ma mère.

— Prends-les, décide mon ami en vidant la devanture. Sinon ils vont finir au recyclage !

Je le remercie, puis je grimace.

— Tu as encore mal aux dents ? devine-t-il. Ce n'est pas normal. Tu devrais retourner voir le nouveau dentiste. Comment s'appelle-t-il, déjà ?

— Monsieur Muscari. Pas question que je remette les pieds dans son cabinet, je déteste qu'on me joue dans la bouche ! En parlant de truc anormal, j'ai vu La Fouine scruter des belles-de-nuit à la loupe. Elle avait l'air d'une folle !

— Ah oui ? Raconte !

L'esprit ouvert de Momo me réjouit. Il me croit sur parole, à l'inverse de mes parents. Ils sont si rationnels ! Pour passer le temps, j'avoue que j'ai parfois tendance à inventer des histoires, surtout qu'il n'arrive jamais rien à Belle-de-Nuit. Celle dont je me souviens le plus, c'est la fois où j'ai raconté à ma mère que Lulu avait mangé d'étranges petits fruits à l'orée de la forêt et qu'elle ne se sentait pas bien... Quand la sonnette a retenti et que ma mère a vu mon amie portant un masque de monstre couvert de verrues, elle est tombée dans les pommes. J'ai été privé de sortie pendant une semaine, alors je me suis calmé.

Mon anecdote terminée, je jette un œil à ma montre.

— Misère ! Il faut que j'y aille. Si je suis en retard pour le souper, je vais en entendre parler !

* * *

À ma grande surprise, je me retrouve en tête-à-tête avec ma mère.

— Papa ne mange pas avec nous ?

— C'est le fameux tournoi réservé aux vedettes, explique-t-elle. Ton père a le privilège d'être le caddie de la chanteuse Marie-Juin, car le sien souffre d'une bronchite. Tu imagines ?

Je me retiens de lever les yeux au ciel, sinon ma mère me trouverait insolent. Comme si je n'avais pas le droit de détester tout ce qui se rapporte au golf parce que mon père, qui entretient ce terrain réputé pendant l'été, est passionné par ce sport. Il a bien tenté de m'en montrer les rudiments, mais quand j'ai cassé une vitre de la véranda et que j'ai assommé le troisième voisin avec une balle, il s'est résigné.

En avalant ma dernière bouchée, je dis :

— Papa doit être au septième ciel. Dommage qu'il rate ton excellent rôti de bœuf.

Un sourire illumine le visage de ma mère. J'aimerais qu'elle se désintéresse parfois de son rôle de ménagère accomplie pour simplement rêver.

— J'oubliais ! s'écrie-t-elle. Les nouveaux locataires sont-ils sympathiques ?

— Euh... ils n'étaient pas là.

— Où as-tu mis les biscuits ?

— Je les ai déposés devant la porte.

— Aristide Phlox, ça ne se fait pas ! Tu n'as pas laissé un mot ?

Je secoue la tête et me retiens encore une fois de lever les yeux au plafond. Ma mère est obsédée par les bonnes manières.

— Tu vas y retourner ! ordonne-t-elle. Si, par miracle, personne ne les a volés, tu les rapportes, compris ? Ils doivent être secs, après tout ce temps au soleil. Je vais passer pour une horrible cuisinière !

— Mais non, tu es la meilleure !

Elle se radoucit.

— Allez, aide-moi à faire la vaisselle.

Pour une fois, ça ne me dérange pas, car j'ai une bonne raison de retourner à la maison hantée. Dès que j'ai terminé ma corvée, je me dirige vers la porte.

— Je t'accompagne, décide ma mère.

Misère ! Je ne veux pas avoir l'air du garçon à sa maman ! J'ai quand même dix ans. Soudain, une idée me traverse l'esprit. Je file dans ma chambre et reviens avec quelques magazines *Mam'zelle.*

— Voici un cadeau de la part de Momo.

— Des revues rétro ! s'exclame-t-elle en y plongeant aussitôt le nez. Tu remercieras Maurice de ma part. Oh là là ! quelles jolies robes ! Ciel ! Je viens de tomber sur une recette de gâteau formidable. Vas-y seul, il n'y a pas d'urgence à ce que je rencontre les nouveaux voisins. Sois poli et rentre à 21 heures maximum, compris ?

Super !

Un singulier trio

Le soleil se couche pendant que je marche vers la maison hantée. Oh ! le panier de biscuits a disparu ! Je m'apprête à frapper le heurtoir contre la porte quand elle s'ouvre brusquement. Surpris, je recule. Une grande femme d'une rare beauté se tient devant moi, moulée dans une longue robe bleu nuit. On dirait une star ! Un collier de pierres précieuses orne son cou de cygne. Ses yeux et ses cheveux noirs mettent en valeur son teint de porcelaine. Ses lèvres rouge sang esquissent un sourire. Pas de canines pointues, à moins qu'elles soient rétractables. J'ai déjà vu ça dans un film.

Un homme de sa taille surgit derrière elle. Il arbore un *look* de gangster : chapeau noir, complet rayé et souliers blancs vernis. Il me toise et me dit :

— Tu as perdu ta langue ?

Une fille de mon âge se glisse alors entre eux, vêtue d'un déguisement de justicière : masque sur les yeux, collant noir, justaucorps jaune et cape rouge. Sur son épaule, une souris blanche me fixe.

Je suis bouche bée. Ce n'est pourtant pas l'Halloween ! Par politesse, je me retiens de poser des questions sur leurs costumes. Ma mère serait fière de moi.

Peut-être qu'ils jouent dans une pièce de théâtre ? Misère ! Ma douleur aux plombages vient de s'intensifier ! Ce n'est pas le moment.

— C'est toi qui as laissé des biscuits devant la porte ? demande la jeune fille.

J'opine sans prononcer un mot.

— Ils étaient succulents.

À peine revenu de ma surprise, je réponds bêtement :

— Ma mère sera contente de l'apprendre. Est-ce que je vous dérange ?

— Pas du tout, décrète le gangster en me faisant entrer dans la maison.

Elle est sombre et silencieuse, comme si elle était inhabitée. L'homme me tend alors la main et se présente :

— Je me nomme Horace.

Ses doigts sont si froids que j'en ai la chair de poule. Il grimace un sourire, et moi aussi, car je ressens soudain une douleur encore plus vive aux plombages.

— Et voici Miranda, ajoute-t-il en se tournant vers la grande femme.

Je baise sa main – ma mère est vraiment stricte sur les bonnes manières. Elle est aussi glacée que celle d'Horace. Miranda la retire d'un coup sec en étouffant un cri, puis elle se réfugie derrière le gangster. Je ne l'ai quand même pas mordue !

La jeune fille fronce les sourcils et s'avance vers moi.

— Je m'appelle Tafia.

— Moi, c'est Aristide. Mais je préfère Ari.

Et là, elle me renifle et recule à son tour. J'ai pourtant pris ma douche ce matin ! Tout à coup, je pense au rôti de bœuf que j'ai mangé. Il était à l'ail. Les vampires détestent ça, c'est bien connu. Et vu qu'ils sont des morts-vivants, ils ont aussi la peau glacée...

Le gangster m'invite à passer au salon. Mon cœur palpite, mais la curiosité l'emporte sur la peur. Pas question que je fausse compagnie à ces étranges locataires !

La pièce baigne dans la pénombre. Rien n'a changé depuis ma dernière visite, sauf la présence d'un énorme plant de belles-de-nuit sur la table basse. L'odeur est si puissante que la tête me tourne.

— Nous avons été charmés par le parfum exquis de ces fleurs, susurre Miranda. Et que dire de...

Un coup de coude du gangster l'empêche de terminer sa phrase. Elle lui tire la langue. Si ma mère voyait ça, elle ferait une crise cardiaque ! Pourquoi Horace l'a-t-il interrompue ?

En tout cas, le salon est aussi poussiéreux que la dernière fois où j'y suis venu avec Clovis et Lulu. Les meubles sont à deux doigts de s'effondrer. La vieille télé à l'écran fissuré trône toujours sous des cadres aux toiles déchirées. Devant mon air étonné, Horace explique :

— Nous sommes de passage, le mobilier nous importe peu.

Décidément, ces voisins sont de drôles de moineaux ! Je m'assois dans le fauteuil dont les ressorts me piquent les fesses. Le trio s'installe face à moi, sur le canapé déglingué. Soudain, je pousse un cri. La souris de Tafia m'a mordillé le petit doigt. Une goutte de sang apparaît.

— Squiiik ! Squiiik ! couine la bestiole en braquant ses yeux rouges sur moi.

Je lève la tête. Pourquoi me dévisagent-ils ainsi ? Misère ! Si c'était une bestiole dotée d'un pouvoir spécial ? Ils attendent peut-être que je me transforme en monstre poilu ? Mais rien ne se produit, sauf un autre élancement dans mes plombages.

Tout en reposant la petite bête sur son épaule, Tafia la réprimande :

— Squik, tu es un vilain garçon. Tu as faim ?

La justicière masquée lui offre un caillou de la grosseur d'un pois vert. La souris le gobe d'un coup. Je me pince pour m'assurer que je ne rêve pas. D'où sortent ces étonnants voisins ? Curieux, je me renseigne :

— D'où venez-vous ?

Horace et Miranda regardent Tafia, qui répond :

— Nous habitons très loin d'ici.

Par politesse, je n'insiste pas. J'y pense, aucune voiture ne stationne devant la maison.

— Comment êtes-vous venus à Belle-de-Nuit ?

Les deux adultes répondent presque en même temps :

— En sous-marin ! s'exclame Horace.

— En fusée, déclare Miranda.

Devant mon air étonné, Tafia semble embêtée. Elle réplique :

— En avion, évidemment. Ce sont des farceurs.

Drôle de duo ! Je m'informe :

— Vous n'avez pas loué d'automobile ? Belle-de-Nuit n'a pas vraiment d'attrait touristique.

— Nous cherchions un lieu tranquille, murmure Miranda. Nous aimons nous déplacer... à pied.

Pourquoi a-t-elle hésité ? Voulait-elle dire « en volant » ? J'ajoute :

— En tout cas, Saint-Trouvert se trouve à une quinzaine de kilomètres d'ici. Vous aimez le golf ?

— Euh... oui, c'est délicieux sur des rôties ! s'écrie Horace.

— Moi, je le préfère dans une salade, affirme Miranda.

Je reste sans voix. Tafia éclate d'un rire forcé.

— Ha ! ha ! je le répète, ils adorent faire des blagues idiotes. N'est-ce pas ?

Sans l'ombre d'un sourire, le gangster et la star hochent la tête. L'étrangeté de ces nouveaux locataires me laisse perplexe. Ma curiosité est piquée au vif. Pour en savoir plus sur ce singulier trio, une visite discrète de la maison s'impose.

Une horrible découverte

Rien de tel qu'un tour à la salle de bains pour m'éclipser un moment. Poliment, je demande :

— Est-ce que je peux aller aux toilettes, s'il vous plaît ?

— C'est au bout du couloir, à droite, précise Tafia.

J'ai cinq minutes pour explorer la maison. Selon ma mère, c'est le maximum pour une telle « visite ». Après ce laps de temps, c'est impoli. Comme je connais très bien les lieux, je devrais y parvenir sans problème.

La salle de bains en dit souvent long sur les locataires. Elle est plongée dans la pénombre, car l'ampoule du plafond ne s'allume toujours pas. La pièce est aussi sale que lors de notre dernier passage. L'armoire ne contient ni dentifrice, ni savon, ni produits de beauté. Quant au robinet, il crache un filet d'eau rouillée. Je frémis en songeant soudain que certaines créatures, comme les vampires ou les zombies, n'ont pas besoin d'eau et qu'elles voient très bien dans le noir...

La gorge nouée, je retire mes baskets, sors en douce de la pièce et grimpe l'escalier quatre à quatre, en évitant la septième marche qui craque.

Mon cœur bat à cent à l'heure quand j'atteins les chambres. J'ouvre en coup de vent les trois portes, car le temps file. Pas de valises, pas de vêtements, ni de literie !

Je cours vers l'échelle qui mène au grenier. Je tends l'oreille : un bourdonnement provient de sous les combles. On dirait le bruit d'un réfrigérateur géant. Vais-je découvrir des cadavres de bêtes ou, pire encore, d'humains ? Je pousse la trappe.

D'habitude, l'obscurité règne dans cette vaste pièce aux murs inclinés qui ressemble à une caverne. Mes amis et moi la surnommons l'« antre du diable ». Cette fois, le grenier est faiblement éclairé.

Mon sang se fige dans mes veines.

Une lueur jaunâtre émane de quatre cercueils en métal. Ils sont placés de telle façon qu'ils forment une croix : deux grandes et deux petites caisses. Le bruit de moteur provient de ce sinistre quatuor.

Pour qui est le quatrième ? J'y pose la main.

Il est glacé. Misère ! Ma douleur aux plombages augmente en flèche !

Mon temps est quasiment écoulé, mais je veux en avoir le cœur net. Serrant les dents, j'entrouvre à toute vitesse les quatre cercueils : ils sont vides. Une nausée me soulève l'estomac, car ça empeste la viande pourrie.

Où se cache le vampire numéro 4 ? Derrière ces boîtes ou ces rouleaux de corde au fond du grenier, prêt à me sauter dessus ?

La peur au ventre, je dévale l'échelle, traverse le couloir au pas de course et glisse sur la rampe de l'escalier. J'atterris en silence sur le sol et me rechausse tout en reprenant mon souffle. J'entends les nouveaux locataires discuter au salon. Il faut que je me calme avant de les rejoindre. Je m'arrête à la cuisine pour vérifier le contenu du frigo.

Qui sait, il regorge peut-être de sang ?

Prenant mon courage à deux mains, je l'ouvre : il est vide. J'inspecte les armoires et le garde-manger : vides. Je jette un coup d'œil dans la poubelle. Misère ! Les biscuits de ma mère !

Soudain, des talons claquent sur le parquet. Je fais demi-tour.

— Tu t'es perdu ? demande Miranda.

— Euh... oui. Cette maison est très grande.

De retour au salon, Horace m'attend avec un ruban à mesurer à la main.

— Ça ne sera pas long, m'assure-t-il. Tafia, tu notes ? Voyons voir... 1 mètre 40, 30 centimètres de large. La tête : 50 centimètres de circonférence.

Je me retiens de grimacer de douleur, car mes plombages me font vraiment souffrir ! Le nez dans un petit carnet, la justicière masquée écrit à toute vitesse. Tout à coup, je pâlis. Cette fille est de ma grandeur. Et si le quatrième cercueil était réservé à un enfant ? J'essaie de contrôler le tremblement de ma voix.

— Pourquoi voulez-vous ces renseignements ?

— Horace adore les costumes, avance Tafia. Il est couturier.

— C'est ça, couturier ! approuve le gangster. Tu as la même taille que... euh, mon neveu, qui désire un costume de... patineur-pirate. Un instant, ajoute-t-il en sortant un petit bidule de sa poche, sur lequel il pitonne. Tu pèses combien ?

Saisi, je bafouille :

— Euh... 32, non... 34 kilos.

— Ton cœur bat à quelle fréquence ? s'enquiert Miranda.

J'écarquille les yeux. Seraient-ce des vampires qui exercent le commerce de corps ou de cœurs humains ? Misère ! Je crois que je vais me sentir mal ! Je m'écrase dans le fauteuil.

— Ça suffit ! grogne Tafia en faisant claquer son carnet sur la table basse.

À ma grande surprise, Miranda obéit sans rechigner. Si je répondais de cette façon à ma mère, c'est certain que je serais puni !

Je jette un œil au carnet. Que signifient ces signes bizarres ? Un langage propre aux vampires ? Ça ressemble à des symboles égyptiens. Horace a remarqué mon étonnement.

Il s'empare du calepin et le glisse dans sa poche.

Trois paires d'yeux, non, quatre avec la souris, me contemplent de nouveau, dans un silence aussi épais qu'un dictionnaire. Je n'ai plus qu'une envie : prendre mes jambes à mon cou.

— Je dois partir, ma mère m'attend.

— Déjà ? proteste Miranda. Reviens vite, d'accord ? Tu es un spé... euh, un garçon charmant.

Tafia la fusille du regard. Le trio m'escorte jusqu'à l'entrée.

— On se revoit demain ? me demande la jeune fille.

J'hésite un peu, puis j'accepte. Ce n'est pas vrai que ma frayeur va m'empêcher de réaliser mon rêve de vivre une aventure étrange !

J'ajoute :

— Vers 10 heures ?

— Nous ne sortons qu'après le coucher du soleil, car nous supportons très mal la lumière du jour.

Ça ne m'étonne pas ! D'un air innocent, je réplique pourtant :

— Ah bon ? À demain soir alors !

Un sourire crispé aux lèvres, le trio me salue de la main. Bizarre, j'ai une soudaine impression de déjà-vu, sans arriver à mettre le doigt dessus...

Dès que la porte se referme, je pousse un soupir de soulagement. Je n'ai jamais eu si peur dans cette maison ! Et si ces vampires sortaient plus tard pour se nourrir ? Misère ! Qu'est-ce que je dois faire ?

Une nouvelle mode

À mon arrivée à la maison, je fonce tout droit dans ma chambre. Pas question que ma mère me voie trembler comme une feuille. En fin de compte, des voisins vampires, ce n'est pas si *cool* que ça. Il faut que je me calme.

Au moins, mon mal de dents s'est atténué. Par contre, mes vêtements ont une odeur singulière : un mélange de belles-de-nuit et de pourriture. Beurk ! Je me déshabille en un clin d'œil et j'enfile mon pyjama.

Je ne peux pas garder cette révélation secrète. Si je raconte ma visite à ma mère, elle va penser que j'ai de la fièvre et me clouer au lit pour deux jours. La police ? Elle ne me croira jamais. Je vais appeler Momo. Lui prendra mon histoire au sérieux. Je m'empare du téléphone sur le palier et reviens dans ma chambre.

Je compose le numéro en souhaitant qu'il réponde.

— Allo ?

— C'est Ari ! Un truc dingue vient de se produire et...

— Est-ce que tu vas bien ?

Son inquiétude me réconforte.

— Oui. Je suis certain que mes nouveaux voisins sont des vampires !

— Hein ? Calme-toi. Raconte-moi tout depuis le début.

Dès que je les décris, il éclate de rire.

— Ce sont sûrement des acteurs !

Je proteste :

— J'ai vu quatre cercueils au grenier. Ils vivent sans eau ni électricité, et n'ont rien à manger. De plus, le gangster a pris mes mesures supposément pour faire un costume à son neveu pendant que la justicière masquée écrivait en symboles dans un carnet.

— Le quatrième cercueil doit être pour lui. Tu as cru qu'il était pour toi ?

— Euh... oui.

— Je suis désolé de te dire ça, mais j'ai l'impression qu'on t'a joué un tour ! Je parie qu'il s'agit d'une petite troupe de théâtre. Les acteurs peuvent être très excentriques, déclare Momo. Pour la nourriture, je suppose qu'ils préfèrent les restos. Tu n'as donc pas vraiment de preuves que ce sont des vampires. D'où viennent-ils ?

— J'ai eu droit à une réponse vague : « Très loin d'ici. »

— Tu sais que les acteurs aiment aussi garder leur vie privée ?

— Je n'ai pas pensé à ça.

— Préviens-moi si tes prétendus vampires passent à l'action. Ah oui ! j'ai consulté ton nouveau dentiste, car ta douleur persistante me chicotait. Imagine-toi donc qu'il a utilisé un tout nouvel alliage.

— Hein ? Lequel ?

— C'est un amalgame au *matamorium*.

— C'est pour cette raison que j'ai mal aux dents depuis deux jours ?

— Pas du tout. Monsieur Muscari m'a assuré que ta douleur n'est pas causée par ce nouveau métal. Donc, mystère et potassium !

— J'ai justement eu toute une crise dans la maison hantée !

— Pauvre toi, j'espère que ce sera la dernière ! Bonne nuit, Ari.

— Merci. Bonne nuit !

Parler à Momo m'a apaisé. Il doit avoir raison à propos des nouveaux voisins. D'un autre côté, je les trouve quand même suspects. Les cercueils ne sont pas en carton et je n'ai pas imaginé l'odeur de pourriture !

Je tente de me concentrer sur *Les péripéties du capitaine Crevasse*, sans succès. J'éteins donc ma lampe, je sors de mon lit, prends mes jumelles et m'installe à la fenêtre qui donne sur la rue. Rien à signaler du côté de la maison hantée. Mais mon réveil n'indique que 21 heures 30.

Tiens, La Fouine pointe son nez, une longue chaise pliante sous le bras. Elle la pose près de sa plate-bande de belles-de-nuit, retire sa robe de chambre et s'étend sur son transat, en maillot de bain. Voilà monsieur Seringa qui l'imite ! C'est la nouvelle mode, les bains de lune ?

Oh non ! voilà ma mère !

— Que fabriques-tu dans le noir ? Tu n'espionnes tout de même pas les voisins ? s'écrie-t-elle d'un air outré.

— Non. Momo m'a prévenu que... qu'il a aperçu des chauves-souris dans le coin.

— Pourquoi pas des vampires, tant qu'on y est ? soupire-t-elle. Alors, comment as-tu trouvé les locataires de la maison hantée ?

— Euh... très gentils. Ils ont adoré tes biscuits.

— Ah ! des gens de goût ! s'exclame-t-elle. Et leur fille ?

— Bien... sympa.

— On dit « sympathique », Aristide. Oh ! petit cachottier ! Tu possèdes d'autres magazines ? s'étonne-t-elle en découvrant les revues étalées sur mon bureau.

— J'ai pensé que ça ferait durer ton plaisir.

— C'est une délicate attention de ta part, réplique-t-elle en prenant les derniers exemplaires. Allez, au lit maintenant !

— D'accord. Pourquoi papa n'est-il pas encore rentré ?

— Je l'ai justement appelé il y a quelques minutes. Marie-Juin a gagné le tournoi et elle a invité ton père à célébrer sa victoire ! Il était surexcité, car la chanteuse lui a offert un bâton de golf. Un prototype, rien de moins, et dédicacé par-dessus le marché ! Bonne nuit, mon garçon.

Dès que ma mère ferme la porte, je bondis de mon lit et m'agenouille devant la fenêtre pour continuer mon espionnage. Pas question que je rate une occasion en or de participer à une soirée insolite à Belle-de-Nuit ! Et puis, qu'est-ce que je risque dans ma chambre ?

Misère ! Quatre voisins prennent maintenant un bain de lune ! Ils portent tous des maillots. Les villageois qui sont partis en vacances manquent un spectacle inédit.

L'astre rond brille d'un éclat bleuté. Le silence règne dans la rue, seulement entrecoupé par les criquets qui stridulent. On dirait une scène de film, juste avant que le monstre pointe son affreux museau !

Je commence à bâiller, il est près de 22 heures 30. Finalement, faire le guet s'avère moins intéressant que prévu.

Soudain, ça bouge au bout de la rue. Je distingue les trois vampires. Les jumelles vissées aux yeux, j'examine le trio qui salue les voisins. Tous, sans exception, leur répondent en agitant la main. Ces vampires les ont donc déjà rencontrés ? Dans quel but ? Créer un lien d'amitié ? Ils m'ont pourtant dit qu'ils étaient de passage à Belle-de-Nuit...

Le trio marche d'un même pas, comme des soldats. Ils ne sont plus loin de chez moi quand une auto tourne le coin de la rue et stationne. Monsieur Lotus revient d'un voyage de pêche. Dans un petit village comme Belle-de-Nuit, tout se sait. Surtout avec une voisine comme La Fouine.

Monsieur Lotus descend de sa voiture. Il fronce les sourcils en voyant les voisins en maillots de bain. Il se dirige vers madame Mimosa, mais le trio lui barre la route. Fasciné par Miranda, il lève la tête pour l'admirer, tandis que Tafia se glisse derrière lui. Est-ce pour le mordre ?

Je zoome sur la scène en retenant mon souffle. La justicière masquée tend son majeur vers le cou du pêcheur, appuie quelques secondes sur sa nuque, puis retire son doigt. Monsieur Lotus rentre chez lui sans récupérer son attirail de pêche.

Bizarre, il y tient comme à la prunelle de ses yeux. J'ignore ce que signifie le geste de Tafia, mais on est loin du vampire qui se nourrit de sang !

C'est alors qu'Horace, Miranda et Tafia lèvent la tête vers la voûte céleste en ouvrant la bouche. On dirait trois poissons. Même

Squik a la gueule béante. Ils gardent cette position au moins une minute.

Que signifie cet étrange manège ? À part la lune et les étoiles, rien dans le ciel ne peut susciter un tel intérêt. Momo a peut-être raison, après tout. C'est possible que ce soient des acteurs qui répètent une scène.

Le chat de madame Mimosa traverse alors la rue, en s'arrêtant à un mètre du groupe, le dos courbé et le poil hérissé, comme un chat de sorcière. Il n'a tout de même pas peur de la souris ?

Le trio l'ignore et s'approche de notre maison.

Je recule vivement de la fenêtre. Au même moment, la sonnette de la porte d'entrée retentit.

6

Des vampires populaires

Les talons de ma mère résonnent sur le plancher du vestibule. J'entrebâille la porte. Je reconnais la voix de Miranda :

— Bonsoir, nous sommes les nouveaux voisins. Aristide a oublié de rapporter votre panier de biscuits. Merci, ils étaient délicieux.

Ma mère doit ronronner de plaisir. Si elle savait !

— Excusez-nous de passer si tard, poursuit la star, mais comme il y avait de la lumière...

— Je suis enchantée de vous rencontrer, répond ma mère.

J'imagine sa tête devant leurs déguisements. Je ne peux m'empêcher de pouffer d'un rire nerveux, même si une vive douleur émane tout à coup de mes nouveaux plombages.

Soudain, ma mère s'exclame : « Mais... je vous reconnais ! » Il s'ensuit quelques échanges inaudibles, puis la porte claque. C'est ce que j'appelle une très courte visite. Comment a-t-elle pu les identifier ? Tiens, elle éteint déjà, sans attendre mon père. Ce n'est pas dans ses habitudes. Le trio aurait-il dit ou fait quelque chose qui l'aurait choquée ?

Elle apparaît dans l'escalier. Au risque d'être réprimandé – c'est impoli d'écouter aux portes –, je la questionne :

— Maman, où as-tu déjà vu les nouveaux voisins au juste ?

Elle s'avance dans le couloir sans prononcer un mot ni me jeter le moindre regard. Étonné, je la suis et m'écrie :

— Qu'est-ce qui s'est passé ?

Sans se retourner, elle entre dans sa chambre et me ferme la porte au nez. En voilà des façons pour une reine des bonnes manières ! Qu'est-ce qui lui prend ? Je cogne. Pas de réponse. Comme je suis bien élevé, je n'insiste pas. Tant pis, je regagne mon poste de guet.

Je me penche au-dehors, car le trio pivote au coin de la rue. Mon imagination me joue-t-elle des tours ? Je jurerais que Tafia m'a fait un clin d'œil.

Dévoré par la curiosité, je ne peux résister à la tentation : il faut que je les suive ! J'enfile mes baskets, enjambe la fenêtre, puis je saute sur la grosse branche du chêne et dégringole de l'arbre.

Je cours jusqu'à l'intersection. La surprise m'arrache un cri. Les quelques voisins de cette rue qui n'ont pas quitté le village prennent également des bains de lune. Misère ! Les parents de Lulu sont aussi du nombre ! Ils saluent le trio de la main, comme tous les autres amateurs de rayons lunaires.

Caché derrière un buisson, j'observe les étranges locataires. Ils abordent le seul piéton couche-tard, monsieur Cosmos, qui se plaint souvent d'aigreurs d'estomac.

J'assiste à la même technique exécutée sur monsieur Lotus. Cette fois, c'est Horace qui se place derrière l'homme chauve et qui appuie le majeur sur sa nuque. La victime ouvre grand les yeux, puis poursuit son chemin.

Le trio s'arrête un peu plus loin et recommence son manège : la bouche béante et la tête levée vers la pleine lune. Et s'ils attendaient minuit pour se transformer en loups-garous ? Dommage que Lulu et Clovis ne soient pas à mes côtés, ils seraient aux anges !

Au bout de la rue, ils bifurquent à droite. Ils font route vers le centre du village. Avant de les suivre, je rejoins monsieur Cosmos et lui demande :

— Comment trouvez-vous les nouveaux voisins ?

— El... de... ni, marmonne-t-il en continuant de marcher.

— Hein ? Pouvez-vous parler plus fort ?

Sans son dentier, il est difficile à comprendre. Il répète la même chose, sans m'accorder un regard. Je perçois seulement

« deni ». Qui est Denis ? Comme sa démarche est très lente, j'ai le temps de vérifier sa nuque : aucune marque n'y apparaît. Ça me dépasse.

Je pique un sprint jusqu'au coin de la rue. Misère ! Ils ont disparu ! Tant pis, je reviens sur mes pas et m'arrête devant les parents de Lulu.

— Bonsoir, Monsieur et Madame Colza. Avez-vous aussi hâte que moi de revoir votre fille ?

Ils tournent la tête dans ma direction sans prononcer un mot, le nez plongé dans une belle-de-nuit. Leurs yeux sont aussi vides que ma tirelire. Un frisson d'angoisse me traverse la colonne. Ils ont le même regard de poisson mort que La Fouine. Qu'est-ce qui leur arrive ? Je songe à Lulu, et mon cœur se serre. La pauvre va devenir folle si elle découvre que ses parents se sont transformés en zombies !

Inquiet, je continue mon chemin. L'air embaume les belles-de-nuit. Le quartier est si calme qu'on entendrait un papillon voler. À part quelques adeptes de bains de lune, je suis le seul piéton du coin. À l'affût, j'observe les alentours. J'ai l'impression d'être dans un film d'épouvante où le héros se retrouve sans défense – en pyjama et baskets – devant une menace grandissante.

Ouf ! me voilà enfin dans ma rue. Tiens, les voisins rentrent chez eux. Serait-ce à cause des nuages qui couvrent petit à petit la lune ? Je remarque qu'aucune maison n'est éclairée, comme s'il y avait une panne d'électricité. Ma montre n'indique que 23 heures 30. D'habitude, les adultes veillent plus tard.

L'entrée du garage est toujours vide. Mon père rentre rarement à cette heure. S'il avait été surpris par les vampires ? Je sens la peur qui me gagne. J'escalade le chêne, marche sur la grosse branche, franchis la fenêtre et me laisse tomber sur le sol. Mon cœur bat à cent à l'heure. Ma mère doit dormir comme une bûche, car la maison est aussi silencieuse qu'un cimetière.

Qu'est-ce que je fais maintenant ? J'y pense, Momo m'a demandé de le prévenir s'il y avait du nouveau. Je récupère le téléphone dans le couloir et reviens à pas de loup dans ma chambre. Ça sonne, ça sonne... Je murmure :

— Réponds !

— Allo ?

— Fiou ! Je te réveille ?

— Ari ? Non, j'écoute des formules chimiques sur mon dictaphone avant de m'endormir, ça m'aide à les retenir.

Qu'est-ce qui t'arrive ? Tu sembles très énervé.

— Avec tout ce que j'ai vu, je ne sais plus où donner de la tête !

— Dis-moi ce qui s'est passé depuis ton dernier appel.

Je lui raconte toute mon aventure. J'ai l'impression de lui relater une histoire du capitaine Crevasse ! Je m'arrête enfin pour reprendre mon souffle.

— Tout est vrai ? s'exclame Momo.

— Je te le jure sur la tête de mon arrière-grand-père Nicéphore ! À moins que le *matamorium* fasse perdre la boule ?

— Ça m'étonnerait ! Par contre, peut-être qu'il te protège ? Sinon, comment expliquer que tu ne sois pas atteint de *zombinite* ?

— Misère ! Je me rends compte que la douleur sourde de mes plombages coïncide avec l'arrivée des vampires !

— Il y aurait donc un rapport entre eux et le *matamorium*...

— Mais oui ! J'ai fait une crise de douleur quand je les ai rencontrés !

— Je vais regarder dans mon livre de chimie. On en reparle demain matin ? D'ici là, essaie de dormir !

— Sois prudent, Momo. N'oublie pas qu'ils se dirigeaient vers le centre du village.

— T'inquiète, je sais me défendre ! Je suis le meilleur lanceur d'encyclopédies de Belle-de-Nuit !

J'éclate de rire et je raccroche. Mes yeux se ferment. Je grimpe dans mon lit et m'endors d'un seul coup.

7

Mon étrange mère

J'ai de la difficulté à respirer, quelque chose se tortille entre mes lèvres. Beurk ! J'ouvre les yeux. Penché sur moi, les mains gantées et un masque de protection lui couvrant le bas du visage, Horace farfouille dans ma bouche avec un long instrument métallique. Je pousse un cri. Le gangster recule d'un bond et, sans hésiter, plonge par la fenêtre.

Je me frotte les yeux : il est trois heures du matin. Je me lève et regarde à l'extérieur. Personne. Par mesure de précaution, je ferme la fenêtre. Puis, devant le miroir, j'examine l'intérieur de ma bouche. Tout semble normal. À part mes plombages qui m'élancent... C'est impossible qu'Horace ait grimpé jusqu'ici en pleine nuit ! J'ai dû faire un cauchemar, et j'ai sûrement crié dans mon sommeil à cause de la douleur. Bâillant à m'en décrocher la mâchoire, je me recouche et me rendors sur-le-champ.

* * *

Je me réveille en sursaut. Oups ! il est 9 heures 30. Pourquoi ma mère ne m'a-t-elle pas sorti du lit ? D'habitude, nous déjeunons en famille. Elle était bizarre hier soir... Un sentiment de peur me gagne. Je m'habille vite et m'arrête sur le palier. Une étrange odeur me monte au nez : ça sent les belles-de-nuit. Je dévale l'escalier et fonce à la cuisine. Je me fige en voyant ma mère.

Elle ressemble à un épouvantail avec ses cheveux hirsutes et sa robe fripée, la même qu'elle portait hier. Je n'en crois pas mes yeux. Devant la cuisinière, elle touille une étrange mixture qui dégage une senteur si forte que j'ai mal au cœur. Des volutes de fumée tournoient dans la pénombre, car les stores sont tirés. Je m'approche et lui demande :

— Qu'est-ce que tu fabriques ?

— De la confiture, répond-elle sans se retourner.

Des belles-de-nuit serpentent dans le chaudron. Je saisis le bras de ma mère. Elle pivote vers moi, arborant une expression que je ne lui ai jamais vue. Dénué de toute émotion, son regard vitreux est pareil à celui de La Fouine, de monsieur Cosmos et des parents de Lulu. Ça me donne la chair de poule.

— Maman, ça va ?

Elle continue de brasser sa mixture en contemplant le mur. Je note qu'elle ne porte aucun maquillage. Elle n'est vraiment pas dans son état normal.

L'inquiétude m'envahit :

— Où est papa ?

— Aucune idée, dit-elle en enfournant un morceau blanchâtre.

— Qu'est-ce que tu manges ?

— Des carrés aux belles-de-nuit, marmonne-t-elle, la bouche pleine. C'est excellent pour la santé.

Une pâte visqueuse dégouline sur son menton. C'est dégueu. Ma mère ne se permettrait jamais un tel geste. Ça ne tourne pas rond du tout dans sa tête. Je soulève un store et constate que l'auto de mon père n'est pas là. Je me précipite au salon pour l'appeler et retiens mon souffle quand la sonnerie se déclenche. Dans quel état sera-t-il ? Après trois sonneries, il répond enfin :

— Allo ?

— Papa, est-ce que tu vas bien ?

— Oui. Pourquoi me poses-tu cette question ?

— Ouf ! As-tu vu maman ce matin ?

— Je suis parti avant qu'elle se réveille. D'habitude, la marmotte, c'est moi. J'aurais aimé lui montrer le bâton de golf que Marie-Juin m'a offert. C'est un prototype, j'ai tellement hâte de l'essayer ! Il paraît que sa vitesse de balle est stupéfiante et...

Son cadeau est le cadet de mes soucis. Affolé, je l'interromps :

— Maman ne va pas bien, elle cuisine des belles-de-nuit !

— Bah ! elle aime découvrir de nouvelles recettes. Tu t'inquiètes pour rien ! De toute façon, je rentre tôt aujourd'hui.

Une pensée me traverse l'esprit :

— As-tu aperçu les nouveaux voisins à ton arrivée, la nuit dernière ?

— Mais oui. Quelle idée de se promener à une heure du matin !

— T'ont-ils touché ?

— Quelle drôle de question ! Je leur ai serré la main, mais ils ont grimacé et m'ont tourné le dos. Je les ai trouvés assez impolis. Excentriques, aussi, avec leurs costumes de film.

— Hein ? Lequel ?

— *La belle, la brute et la brave.* Un vieux navet des années 1950. Les acteurs figurent sur la couverture d'une des revues de *Mam'zelle* qui traînent au salon.

Voilà d'où venait mon impression de déjà-vu ! Je comprends maintenant pourquoi ma mère les a reconnus...

— Aristide, tu es toujours là ?

— Oui, papa, je réfléchissais. Reviens vite !

Une véritable contagion

Tout en marchant de long en large dans le salon, je récapitule.

Primo, ma mère est dingue des belles-de-nuit. À bien y penser, La Fouine examinait les siennes avec passion, et les parents de Lulu les humaient d'un air ravi. Misère ! Je crois que je viens de déchiffrer une partie de ce que monsieur Cosmos répétait : « el... de... ni » doit signifier « belle-de-nuit ». Pourquoi font-ils une telle fixation sur ces fleurs ?

Deuzio, notre cuisine baigne dans la pénombre. Hier, La Fouine portait des lunettes fumées et un sombrero, alors qu'elle adore bronzer au soleil. Y a-t-il un lien avec les voisins qui prennent des bains de lune ?

Tertio, ma mère, La Fouine, monsieur Cosmos et les parents de Lulu ont tous le même regard vide et ils ont tous rencontré les vampires.

Quarto, mon père et moi avons aussi lié connaissance avec ces nouveaux locataires, mais nous ne sommes pas atteints de *zombinite* ni obsédés par les belles-de-nuit. Pourquoi ?

Un coup d'œil à ma mère est loin de me rassurer. Elle frit maintenant des pétales de belles-de-nuit dans de l'huile. Je la laisse à ses recettes pour consulter les revues *Mam'zelle* éparpillées sur la table basse du salon.

Je repère vite le magazine que je cherche : sur la couverture du numéro d'octobre 1952, les trois acteurs du film *La belle, la brute et la brave* sourient. Misère ! Miranda, Horace et Tafia sont des copies conformes de ces vedettes ! Il y a même une souris blanche sur l'épaule de la justicière masquée.

Leurs noms sont écrits en lettres minuscules : Miranda Hepburn, Horace Capone, Tafia Chaulet et... Squik. Je sens mes cheveux se hérisser sur ma nuque. Voilà une preuve concrète que ce sont des vampires, car ils ne vieillissent pas. Momo avait à moitié raison. Des vampires acteurs... ça devient carrément dingue ! J'arrache la couverture et la glisse dans ma poche. Il faut que mon ami voie ça !

Avant de partir pour la librairie, je note que tous les rideaux des maisons voisines. Et s'ils étaient tous contaminés ? Je dois vérifier. Je sonne d'abord chez monsieur Lotus. Pas de réponse. Il y a un interstice entre les rideaux. Au diable les bonnes manières ! Par l'étroit espace, je le distingue, assis dans un fauteuil. L'air hébété, il contemple une photo d'un champ de belles-de-nuit.

Je frappe à la porte de la voisine suivante, madame Mimosa, car elle prenait aussi un bain de lune hier soir. Elle ne répond qu'après cinq coups de sonnette. Elle entrouvre la porte en levant les yeux vers le ciel. Elle grimace à la vue du soleil qui brille. J'ai bien peur qu'elle soit aussi atteinte. Peu inspiré, je lui demande :

— Auriez-vous un peu de sucre ?

— Oui. La cuisine se trouve à gauche, précise-t-elle d'un ton monocorde.

Elle me laisse et retourne je ne sais où. Comme madame Mimosa ne tient pas compte de ma présence, je la rejoins. Elle couvre son mur de belles-de-nuit avec de la colle !

Je sors en courant de sa maison. C'est une véritable contagion ! Mon cœur bat aussi vite qu'une mitraillette. Je dois parler à Momo avant de devenir fou !

J'enfourche mon vélo et je pédale comme si une douzaine de monstres me poursuivaient.

* * *

Malgré un soleil éclatant, le centre du village n'a jamais été aussi sinistre. Tous les commerces sont fermés. Le Pissenlit semble inhabité avec sa porte au store baissé. Pourtant, Momo est un lève-tôt. La porte n'est pas verrouillée, alors j'entre.

La boutique baigne dans la pénombre. À quoi joue mon ami, debout sur un escabeau ? Je m'approche.

Momo arrache des belles-de-nuit d'un plant, les glisse dans des livres et les range dans l'étagère. Inquiet, je l'interroge :

— Qu'est-ce que tu fabriques ?

— Je les fais sécher, répond-il d'une voix traînante. Elles seront excellentes en tisane.

Mon ami a les yeux vides et ses gestes sont saccadés. Misère ! Il est lui aussi touché par la *zombinite* ! Moi qui aimais les belles-de-nuit, je commence à les détester autant que le brocoli !

Soudain, un bruit provient de l'arrière-boutique. Je me fige. Serait-ce le quatrième vampire qui s'y cache ? Cette minuscule pièce est aussi sombre qu'un cercueil.

Un autre bruit retentit. D'une main tremblante, je tourne la poignée et... Flamel, le chat de Momo, file se cacher sous le comptoir. Ouf ! j'ai eu chaud !

J'essaie de parler de nouveau à Momo, mais il est tellement concentré sur son activité qu'il ne me prête aucune attention.

Me voilà seul contre ces vampires acteurs.

9

Une conversation instructive

Je ne dois pas laisser la panique m'envahir. Je prends une grande respiration et réfléchis. Momo et moi pensons qu'il y a un lien entre le *matamorium* et ce trio vampirique. Si je m'en souviens bien, mon ami m'a dit qu'il regarderait dans son encyclopédie de chimie. Comme je n'ai pas d'autre piste à suivre, j'y découvrirai peut-être des infos qu'il n'a malheureusement pas eu le temps de me révéler.

Où est ce bouquin ? J'y pense, il garde ses bouquins préférés derrière le comptoir-caisse. Je me glisse dans l'étroit espace et me penche. En effet, le gros livre repose sur la tablette, à l'abri des regards. Une page cornée attire mon attention. Dès que j'ouvre l'encyclopédie, une feuille tombe sur le sol. Je reconnais l'écriture de Momo :

Ari, il est minuit. Installé derrière le comptoir, je vois tes voisins qui approchent. Je les attendais... Je commence l'enregistrement.

Quelle brillante idée ! Le dictaphone doit être à portée de main. Bingo !

Momo l'a caché entre un livre et la caisse enregistreuse. J'appuie sur le bouton de lecture. La voix de mon ami résonne :

— Bonsoir ! Vous êtes des clients tardifs.

— Nous sommes des... oiseaux de nuit. Votre boutique nous a attirés dès notre arrivée à Belle-de-Nuit, car c'était la seule vitrine éclairée. Vous avez vendu les revues qui y étaient exposées ?

Je reconnais sur-le-champ la voix d'Horace.

— Je les ai offertes à un bon client.

— Aristide est un de vos amis ?

— Je ne connais pas cette personne.

— Bien sûr que si. Inutile de nous mentir.

— À condition que vous aussi me répondiez franchement.

Un petit silence s'ensuit. Bravo, Momo, c'était bien envoyé !

— Que voulez-vous savoir ?

Cette fois, c'est Tafia qui parle.

— Que faites-vous à Belle-de-Nuit ?

— On peut bien vous le dire, car vous aurez tout oublié dans quelques minutes. Notre mission consiste à prendre le contrôle des cerveaux des habitants. Nous cherchions un endroit tranquille pour notre premier mandat. Ce village s'avère idéal, d'autant plus que ses délicieuses fleurs camouflent notre odeur.

— D'où venez-vous ?

— Ça ne vous regarde pas. Il nous reste à attendre le retour des vacanciers de Belle-de-Nuit pour que notre contrôle du village soit total. Le seul problème, ce sont Aristide et son père. Ils échappent à notre emprise. Nous en ignorons la raison. Dès que nous trouverons la clé de ce mystère, plus rien ne nous arrêtera. Notre mission s'étendra sur toute la région... puis sur le pays entier !

— Quelle mission ?

— Vous devenez trop curieux.

Là, je reconnais la voix menaçante de Miranda. Une bousculade éclate. Je retiens ma respiration.

— Ne m'approchez pas ! Enlevez vos sales pattes !

Momo a l'air furieux :

— Mais... qu'est-ce que vous me faites ?

Son souffle retentit dans le dictaphone, comme s'il s'était collé la bouche contre l'appareil. Dans un murmure, je perçois un seul mot : « patère. »

Puis j'entends des bruits de paperasse et de pas, la porte qui claque et... le silence. Je serre les poings. Des voisins zombies, c'est affolant. Une mère zombie, c'est affreux. Un ami zombie, c'est la cerise sur le pompon !

Je regarde la page cornée de l'encyclopédie de chimie. Momo a souligné d'un trait rouge le fameux *matamorium*. Je lis :

Ce nouveau métal commence à être utilisé en dentisterie de pointe pour les obturations, car il n'est pas cher et il s'avère très solide. Les chimistes prédisent qu'il sera aussi révolutionnaire que l'aluminium.

Pourquoi Momo a-t-il mis en évidence cette info inutile ? Et pourquoi a-t-il murmuré le mot « patère » ? Il n'y en a aucune dans la librairie. Je suis persuadé que c'est un indice que moi seul peux comprendre. Mon ami n'aurait pas prononcé ce mot par hasard.

Soudain, je me tape le front. Quand on parle de mon père, Momo l'appelle souvent, en riant, « mon *pater* ». Mon ami aurait-il découvert un lien entre lui et le *matamorium* ? Ça expliquerait pourquoi il n'est pas atteint de *zombinite* ! Pourtant, il n'a pas consulté le dentiste Muscari pour des plombages... Tout ce que mon père a de neuf, c'est le bâton de golf que Marie-Juin lui a offert. Et si ce prototype avait un rapport avec ce nouveau métal ?

Je farfouille dans les livres favoris de Momo, sous le comptoir. Voyons voir...

Un livre sur l'alchimie, des BD, un roman à l'eau de rose et un livre sur le golf. Voici l'intrus, car Momo déteste ce sport autant que moi !

Mon ami a corné une page. Je lis le paragraphe qu'il a encadré :

Le matamorium, *un nouveau métal léger et très résistant, risque de faire des vagues dans le monde du golf. Pour le moment, seulement quelques prototypes circulent sur la planète. Mais les rumeurs se confirment : ces fers seraient extraordinaires !*

Mon père avait son bâton « Marie-Juin » quand il est revenu à la maison. Le *matamorium* crée donc une sorte de barrière qui empêche les vampires de manipuler notre cerveau !

Je dois me débarrasser d'eux avant qu'ils prennent le contrôle du village entier. Une seule personne peut m'aider : mon *pater*.

10

Une entrée remarquable

En rebroussant chemin, je me rends compte que le village est désert. Ces vampires n'ont pas menti. Ils ont déjà contaminé tous les habitants présents à Belle-de-Nuit.

Pendant que je pédale comme un fou, un plan se dessine dans ma tête. Dès mon arrivée à la maison, je jette un œil à la cuisine. Misère ! Ma mère ajoute des belles-de-nuit dans la sauce à spaghetti et dans la compote de pommes ! Au moins, elle ne me prête aucune attention, ce qui fait mon affaire. Je saute sur le téléphone du salon.

Mon père répond à la première sonnerie :

— Des problèmes, mon garçon ?

Je suis surpris. Il n'a pas l'habitude de s'intéresser à moi. Il pense que je suis incapable d'être sérieux.

— Euh... oui. Mais tu ne me croiras jamais !

— Toi non plus ! Je suis le seul employé de Belle-de-Nuit qui s'est présenté aujourd'hui. Je n'y comprends rien !

— Moi, si. Papa, ouvre grand tes oreilles. Les villageois sont tous sous l'emprise des nouveaux locataires de la maison hantée. Si je ne leur mets pas des bâtons dans les roues, la situation va s'aggraver. Ils vont prendre le contrôle de toute la région, puis du pays entier ! J'en ai la preuve.

— Encore une histoire inventée ? Fiston, je...

— Quand tu verras maman et les voisins atteints de *zombinite*, tu comprendras l'ampleur du problème.

— Qu'est-ce que...

— Je te jure sur la tête de papi Nicéphore que c'est la stricte vérité. À cause du *matamorium*, nous sommes les seuls à n'être pas touchés par cette étrange hypnose. Mes plombages sont composés de ce nouveau métal, ainsi que le bâton de golf que Marie-Juin t'a offert.

— Où as-tu obtenu cette information ? Tu ne connais rien au...

— Merci de me croire, papa !

— Attends une minute, je n'ai pas dit que...

— Je voulais te prévenir : je vais m'introduire dans la maison hantée pour piéger ces vampires pendant leur sommeil.

— Des vampires ? Allons donc ! Je t'interdis d'entrer sans perm...

— J'apporte le prototype.

— QUOI ? Je te défends...

Je raccroche. Il a l'air furieux. Son sac de golf est plus précieux que la prunelle de ses yeux, alors je suppose qu'il doit tenir à tout prix à son nouveau bâton ! Faire croire à mon père que je pars avec ce fer est le meilleur moyen que j'ai imaginé pour qu'il revienne au plus vite. Je lui laisse un mot, par mesure de précaution :

Papa, rejoins-moi à la maison hantée avec ton prototype. Ton fils qui adore le golf.

Il va penser que je suis tombé sur la tête et il arrivera en courant !

Mon plan n'est pas sorcier, mais il devrait fonctionner : les rouleaux de corde qui s'entassent dans le grenier de la maison hantée me serviront à ligoter les cercueils tellement serré que ces vampires ne pourront plus en sortir. J'ai pris cette idée dans une de mes BD du capitaine Crevasse.

Ma montre indique 11 heures. Ils doivent dormir à poings fermés. Je m'ennuie à Belle-de-Nuit, mais je n'abandonnerai certainement pas mon village aux mains de ces suceurs de cervelle !

J'avoue que si Lulu et Clovis se tenaient à mes côtés, j'aurais moins peur. Mais si je n'agis pas, je n'ose imaginer la suite des choses... Allez, Ari, courage !

Il n'y a pas un rat dans la rue. Tous les rideaux sont tirés. Les voisins restent à l'intérieur malgré le beau temps. Le soleil tape fort, mais je frissonne de peur.

Je me faufile derrière la maison et m'arrête devant le buisson de belles-de-nuit qui cache l'entrée du soupirail. J'écarte l'arbuste et soulève la fenêtre. D'un bond, j'atterris sur un vieux matelas que mes amis et moi avons récupéré dans le grenier.

Soudain, le doute m'envahit. Et si mon plan échoue ? J'ai encore le choix de faire demi-tour. Impossible, je dois saboter leur mission ! De toute façon, je suis protégé par mes plombages.

Je monte l'escalier qui mène au rez-de-chaussée et débouche dans le couloir. Je tends l'oreille : le silence est total. Parfait, ils doivent dormir. Je songe soudain à la quatrième caisse. Si son mystérieux occupant souffrait d'insomnie et m'attendait au tournant ?

Malgré la peur qui me ronge, j'avance à pas de loup dans la pénombre du passage quand je glisse et m'étale de tout mon long dans une flaque. Misère ! Du sang ! Non, ça sent plutôt... l'huile à moteur. Je tente de me relever et je chute de nouveau.

J'aperçois alors le trio qui descend les marches. Un sourire moqueur se dessine sur leurs visages.

Plus j'essaie de me relever, plus je glisse.

Horace ricane :

— Ha ! ha ! revoilà ce cher Aristide.

— La curiosité est un vilain défaut, susurre Miranda.

— Tu te présentes seul ? lance Tafia. Tu es plus courageux que je le pensais...

— Squiiik ! couine Squik en montrant ses petites dents.

C'est impossible que je leur échappe : cette huile est plus glissante qu'une tonne de beurre ! Je remarque que les trois vampires portent des gants. Horace me saisit les pieds pendant que Miranda immobilise mes bras. Tafia me ligote les membres avec la corde que je voulais utiliser pour les cercueils ! Mon plan a échoué.
Je suis pris au piège.

11

Une effroyable consultation

Horace me jette sur son épaule, comme un vulgaire sac d'épis de maïs.

Ma douleur aux plombages s'accentue aussitôt, pendant que nous montons l'escalier. Nous nous dirigeons vers le grenier. Le quatrième vampire m'y attend-il ? Et s'il était insensible au *matamorium* ?

La peur me vrille le ventre. Je me tortille comme un ver pour échapper à Horace, mais sa poigne puissante m'en empêche.

Une question me brûle les lèvres :

— Comment se fait-il que vous ne dormiez pas ?

— Ce n'est pas une priorité pour nous, répond Tafia.

Pendant que nous grimpons à l'échelle qui mène au grenier, je demande :

— Quel genre de vampires êtes-vous donc ?

— Nous ne sommes pas des vampires ! s'étonne Miranda.

— Et ces cercueils, alors ?

— Chaque chose en son temps, décrète Tafia.

À qui donc ai-je affaire ? En tout cas, leur quatrième confrère n'est pas là. Pendant qu'Horace m'attache à une chaise, je m'écrie :

— Pourquoi m'immobilisez-vous ? Vous ne pouvez pas endormir mon esprit et vous en ignorez la cause !

— Nous l'avons découvert, susurre la star. À la librairie Pissenlit.

Misère ! Ils ont mis la main sur l'encyclopédie de Momo ! Mon sang se glace dans mes veines.

— Le *matamorium* neutralise peut-être nos pouvoirs, mais nous allons vite remédier à cette situation, ajoute-t-elle avec un sourire inquiétant.

Je frémis de peur. Ils vont me retirer mes plombages. Ce qui me réjouit, c'est qu'aucun des trois n'a évoqué mon père. L'astuce de Momo a fonctionné. Mais où est mon *pater* ?

Dans la position où je me trouve, je dois gagner du temps. Je pose une question qui me turlupine depuis un moment :

— Pourquoi les villageois sont-ils obsédés par les belles-de-nuit ?

— Ces fleurs ont un goût semblable à des plantes dont nous raffolons, explique Horace. Petit à petit, les habitants s'imprègnent de nos particularités. La lumière du jour les incommode, et les rayons de lune sont essentiels puisqu'ils nous nourrissent, précise le gangster.

Je reste bouche bée. On n'a plus les vampires qu'on avait ! Comme je veux en avoir le cœur net sur leur méthode, j'ajoute :

— Vous mettez donc les cerveaux des habitants en mode somnolence par une simple pression du doigt sur leur nuque ?

— Oui, répond Tafia. Ça nous demande beaucoup d'énergie, mais la lune a aussi le pouvoir de nous revitaliser en un clin d'œil.

Elle ne semble pas surprise que je connaisse cette information ! Mon air déconcerté la ravit :

— Dès ta première visite, nous avons su que tu nous espionnais, explique-t-elle. Tu as déclenché des ultrasons que nous seuls pouvons entendre en ouvrant nos... cercueils. Hier soir, avant de nous occuper de ta mère, nous avons eu une petite conversation avec elle. Nous avons appris que tu aimais beaucoup Momo, alors nous nous sommes chargés de lui. Nous savions que tu voudrais tenter de nous piéger, surtout après avoir entendu notre entretien sur le dictaphone de ton ami. Et te voilà, comme nous l'avions prévu !

Misère ! Ils ont tout planifié, et je suis tombé dans le panneau ! Le capitaine Crevasse ne serait pas fier de moi.

— La prochaine et imminente étape sera la plus intéressante, poursuit Tafia. Dès le retour de vacances des villageois, nous ferons une prise de contrôle éclair de leurs cerveaux. En moins d'une semaine, les habitants oublieront leur identité et nous obéiront au doigt et à l'œil. Belle-de-Nuit n'est que la pointe de l'iceberg.

Je proteste :

— Nous sommes plus de sept milliards d'habitants sur Terre. Vous n'y arriverez jamais !

— Bien sûr que si, affirme la jeune fille. La prochaine fois, nous reviendrons accompagnés d'une centaine de confrères qui se déploieront à travers le monde.

Je m'emporte :

— Je divulguerai votre talon d'Achille ! Tout le monde se procurera du *matamorium* !

— Comment feras-tu ? lance Horace d'un ton ironique. Cette fois, je vais réussir à te retirer tes plombages. Ensuite, ce sera un jeu d'enfant de prendre ton cerveau en otage.

Je sursaute :

— Que voulez-vous dire par « cette fois » ?

— J'ai tenté de te les enlever la nuit passée, tu ne t'en souviens pas ? Je t'ai pourtant engourdi la bouche avec un anesthésique, mais l'effet n'a duré qu'une minute. Maudit *matamorium*. Au moins, j'ai pu installer...

— Ça suffit ! l'interrompt Tafia.

Ce n'était donc pas un cauchemar. Ce nouveau métal m'a évité de devenir un zombie !

Horace s'empare alors d'une longue tige dotée d'une pince. La même qu'il n'a pas eu le temps d'utiliser pendant mon sommeil. Enfin, je l'espère, car sa dernière phrase me laisse méfiant.

— Ensuite, on s'occupera de ton père, reprend le gangster. J'ai profité de ma visite nocturne pour vérifier s'il avait lui aussi du *matamorium* dans ses plombages. Comme ce n'est pas le cas, il faudra que...

— Assez de blabla ! tranche la jeune fille. Au travail !

Je refuse de desserrer les lèvres. Squik grimpe alors sur mon épaule et me mordille l'oreille. Je pousse un cri.

Miranda m'insère aussitôt un instrument dans la bouche pour la maintenir ouverte. Horace enfile son masque de protection et s'incline vers moi.

La sueur me dégouline sur le front. Miranda et Tafia m'observent, un sourire triomphant aux lèvres. La tige de métal cogne contre mes dents. J'ai si peur que je ferme les yeux. Je n'ai jamais pensé aussi fort à mon père.

C'est alors que la porte du grenier s'ouvre d'un coup. Le gangster retire d'un mouvement sec son instrument, heurtant au passage l'espèce de cric qui occupe ma bouche. Je le repousse avec ma langue pendant que l'intérêt du quatuor se concentre sur le nouvel arrivant : mon père, avec son sac de golf sur l'épaule.

12

Une partie de golf particulière

— Tiens, tiens... De la belle visite ! s'exclame Tafia.

— Que faites-vous à mon fils ? hurle mon père. Libérez-le immédiatement !

Je suis sans voix. Je ne l'ai jamais vu aussi en colère.

— Calmez-vous, Monsieur Phlox, réplique Miranda en s'avançant vers lui.

— N'approchez pas ! crie-t-il. Qui... qui êtes-vous ? bafouille-t-il en jetant un œil aux quatre cercueils en métal.

— Papa, attention !

Trop tard. La grande femme profite de ce court moment de distraction pour bondir sur lui. Vive comme l'éclair, elle lui fait une clé de bras. Le sac de golf tombe par terre et les fers s'éparpillent sur le sol. Misère ! Pourquoi a-t-il fallu qu'il apporte tous ses bâtons ? S'il n'avait eu que le prototype, il aurait stoppé net Miranda !

— C'est ici qu'on se dit au revoir, cher Monsieur, ajoute-t-elle en relâchant son étreinte pour l'empoigner par le cou.

Avec ses dents, elle retire le gant de sa main libre, puis appuie son majeur sur la nuque de mon père. Je hurle :

— Papa, prends ton prototype, vite !

L'air étonné de la star me rassure. Elle ne sait pas de quoi je parle.

Par contre, mon père n'hésite pas une seconde. Il s'incline pour s'emparer du bâton, entraînant dans son élan Miranda, qui s'effondre à ses côtés. Il appuie le prototype sur la tête de la grande femme, qui pousse un gémissement. Le fer rougit au contact de sa peau. Ses camarades sont pétrifiés par la surprise.

— Nous sommes invulnérables ! éructe Tafia. À moins que cet instrument soit en *matamorium* ?

— En effet. C'est un bâton de golf.

D'un ton menaçant, j'ajoute :

— Détachez-moi ou mon père va l'utiliser pour l'assommer !

Tafia secoue la tête.

— Tant pis, je préfère que Miranda soit neutralisée plutôt que de rater notre mission. Continue, Horace !

Le gangster tente de me glisser de nouveau l'horrible cric dans la bouche. Je hurle. Un « bang » retentit. Du coin de l'œil, je vois que la star est dans les pommes. Mon père n'y a pas été de main morte ! Malgré tout, Tafia s'élance à son tour vers lui. Il la fait chuter avec son fer. Elle s'écroule, paralysée par la douleur.

Horace plonge sur moi, sa tige à la main. C'est alors que... « bang » ! il s'affaisse à son tour, sonné par le prototype.

Mon père sort un canif de sa poche et s'applique à couper les liens qui m'emprisonnent. Misère ! Miranda et Tafia se relèvent lentement...

— Ce ne sont pas deux humains qui vont nous arrêter, crache la jeune fille. Squik, attaque !

En voyant un éclair blanc sur le sol, je crie :

— Attention, papa !

Il délaisse son petit couteau pour reprendre son prototype, et percute la souris. Le choc la propulse sur un cercueil, inanimée.

D'un ton admiratif, je m'écrie :

— Quel *swing* !

Ravi du compliment, mon père me sourit. Pas longtemps. Horace surgit derrière lui et agrippe son cou.

— Finie la rigolade, grogne le gangster en arrachant son gant pour poser son majeur sur la nuque de mon père.

Je me libère de mes derniers liens, m'empare du prototype et fonce vers les cercueils. Je les frappe si fort que leurs moteurs ont le hoquet.

— Arrête ! ordonne Tafia. Si tu sabotes nos appareils, nous ne pourrons pas repartir !

— Relâchez-le, alors !

La jeune fille fait un signe de la main à Horace. Malgré sa fureur, il obéit. Dès que mon père me rejoint, je lui tends son prototype. Il prend la position du golfeur prêt à frapper non pas une balle, mais des cercueils ! Il n'attend que mon signal.

Je me poste devant la mystérieuse caisse numéro quatre.

— Elle est pour qui ? Pour moi ?

— Non, répond Tafia. Nous n'avons pas à ramener d'humains pour cette mission, enfin, pas cette fois-ci. La tentation était forte, car il n'y a pas d'enfants chez nous. Mais tu pèses trop lourd.

Elle tire alors sur ses oreilles. Et là, son visage se déchire en deux. Une créature jaune et puante se dégage de sa combinaison humaine. Je crois que les yeux vont me sortir de la tête.

Mon père, lui, est vert de peur. Miranda et Horace reprennent également leurs vraies apparences. Squik, qui a retrouvé ses esprits, s'avère aussi une créature de la taille de Tafia. La souris est donc le vampire numéro 4 !

Une horrible odeur de pourriture emplit le grenier. C'est absolument dégueu. Le nez pincé, je m'informe :

— Qui êtes-vous exactement ?

— Des extraterrestres.

— Misère ! Où est-ce, chez vous ?

— La planète Grobltz, déclare Tafia d'une voix étrange.

Les mots qui sortent de la fente qui lui sert de bouche sont assourdis. On dirait que je vois quadruple ! Je suis tellement surpris que je reste muet. Je me mords les lèvres pour être certain que je ne rêve pas, puis je clame :

— Je ne vous conseille pas de revenir sur Terre. Le golf est un sport pratiqué par des millions d'adeptes, et plusieurs humains ont des plombages au *matamorium* !

Ils n'ont pas à savoir que ces bâtons ne sont pas encore sur le marché et que ce métal commence juste à être utilisé par les dentistes.

Le quatuor grimace et se dirige lentement vers les habitacles. Soudain, je me frappe le front :

— Et les habitants de Belle-de-Nuit ? Vous devez les réveiller sur-le-champ, sinon on défonce vos cercueils. Hein, papa ?

— Oui. Vous ne partez pas d'ici avant que ma femme ait retrouvé la raison !

— Dès notre départ, les villageois ne seront plus sous notre emprise, car la connexion ne sera plus établie, explique Tafia. Toutes les traces de notre passage seront oubliées et effacées.

Elle s'avance alors vers moi.

— N'approchez pas de mon fils ! tonne mon père en me serrant contre lui. Autrement, je jure que je pulvérise vos satanées boîtes en métal !

Tafia recule aussitôt. Les quatre créatures se réfugient dans leurs cercueils. Le bruit des moteurs s'amplifie. Le plancher tremble sous nos pieds.

Tandis que trois habitacles se referment dans un clac sonore, Tafia retient son couvercle et braque ses yeux sur moi quelques secondes.

— Nous trouverons le moyen de supprimer les effets du *matamorium*. Ce n'est qu'une question de temps. Je te ferai signe.

Je blêmis, puis je hausse les épaules. Comment ai-je pu entendre si clairement sa voix dans ce vacarme ? C'est impossible.

Le grenier s'illumine. Les quatre cercueils en métal brillent si fort que nous plissons les paupières. Soudain, ils fusionnent pour ne former qu'un seul appareil : une soucoupe volante. Elle projette alors un rayon sur mon père qui s'effondre. Je me précipite vers lui, tandis que l'ovni s'élève doucement dans les airs et disparaît.

13

Le retour à la normale

Affolé, je secoue mon père inanimé :

— Papa ! Est-ce que ça va ? Je t'en prie, réponds-moi !

Il ouvre les yeux. Je pousse un soupir de soulagement.

— Euh... où suis-je ? demande-t-il en regardant autour de lui, l'air étonné.

Il est aussi saisi que moi. Misère ! Le rayon qui l'a atteint lui a fait perdre la mémoire ! Ça ne sert à rien que je lui raconte notre mésaventure. De toute façon, il ne me croira jamais. Je réplique :

— Nous sommes venus saluer les nouveaux locataires, mais ils sont déjà partis. Tu as trébuché sur une boîte, et tes bâtons sont tombés.

— Ah bon ? Drôles de voisins... Ta mère ne les aurait pas aimés, ils sont vraiment impolis de s'être volatilisés sans prévenir ! s'exclame-t-il en ramassant son attirail.

Ma mère ! Dans quel état se trouve-t-elle ? Je dévale les marches sous les cris indignés de mon père, qui m'ordonne de l'attendre. Pas question, car l'inquiétude me ronge. Si ces extraterrestres n'avaient pas tenu parole ?

Dans ma course, je note que personne n'est sorti de sa maison. La peur au ventre, je pénètre chez moi en coup de vent. À la cuisine, ma mère jette tous les plats qu'elle a confectionnés avec les belles-de-nuit.

— Aristide ! s'exclame-t-elle. Je suis désolée que tu voies la pièce dans cet état. Je ne comprends pas ce qui m'a pris de préparer des recettes avec ces fleurs. C'est dégoûtant ! Je ne me souviens de rien. Je suis peut-être cinglée ?

Avec ses cheveux décoiffés et sa robe tachée, ma mère semble perdue. Je la serre dans mes bras, soulagé qu'elle soit indemne :

— Mais non, maman, tu n'es pas folle.

Mon père apparaît et s'appuie contre la porte pour reprendre son souffle.

— Chérie, ça va ? J'ai aussi l'impression d'avoir perdu la mémoire. J'ai quitté le club de golf tôt, mais la raison m'échappe. Laisse-moi t'aider...

De mon côté, je tiens à m'assurer que les voisins sont redevenus normaux.

Dès que je sors de la maison, j'aperçois La Fouine et monsieur Seringa qui déposent leurs poubelles en bordure du trottoir. Elles débordent de belles-de-nuit. Ils me saluent comme d'habitude.

Tiens, monsieur Lotus récupère son attirail de pêche dans son coffre. Quant à madame Mimosa, elle cligne des yeux, comme si elle sortait d'un rêve. Me voilà rassuré.

Je dois maintenant vérifier que Momo se porte bien. Je ne me suis jamais rendu si vite au centre du village, qui a retrouvé une allure normale. Des automobiles circulent de nouveau, et des flâneurs regardent monsieur Gardénia qui installe des étals devant son magasin général. J'aperçois aussi les parents de Lulu à la pompe à essence. Ils me saluent de la main en souriant. Ouf ! finalement, Lulu n'aura pas de parents zombies !

Il y a un achalandage inhabituel au stand à patates, et je crois en connaître la raison. Ces gens doivent être affamés après un régime de belles-de-nuit !

Je m'arrête devant la librairie Pissenlit, où mon ami aménage la vitrine. Je le salue et m'informe :

— Comment vas-tu ?

— Un peu fatigué. Comme si je n'avais pas dormi de la nuit. C'est bizarre, hein ? Le plus étrange, c'est que je déniche des belles-de-nuit dans plusieurs livres !

Cher Momo. Sans lui, qui sait ce qui serait arrivé ? Je préfère ne pas y penser. Par contre, je raconte tout à mon ami.

Il m'écoute avec attention, avant d'éclater de rire.

— Tu devrais écrire un livre. C'est vraiment très *cool* !

Si Momo ne me croit pas, qui avalera mon histoire ? Lulu et Clovis ? Mon arrière-grand-père Nicéphore serait fou de joie, mais il n'est malheureusement plus de ce monde...

Sans preuve, j'ai l'air d'un menteur. J'y pense... le dictaphone ! Je me précipite dans la librairie, Momo sur les talons.

— Qu'est-ce qui te prend ? s'étonne-t-il.

— Où est ton dictaphone ?

— Dans ma poche.

Il me le donne. Je m'empresse de pousser le bouton de lecture. Rien. La conversation a été effacée, comme Tafia l'a annoncé. J'aperçois alors l'encyclopédie de chimie sur le comptoir. Je la feuillette à toute vitesse. La lettre de Momo s'est bien sûr volatilisée.

— Qu'est-ce que tu cherches ? Tu es certain que tu vas bien ?

Je lui tends la main :

— Oui. Merci, Momo !

— Pourquoi ?

— Pour ton aide. Laisse faire, je me comprends !

Interloqué, mon ami me suit des yeux, tandis que je retourne chez moi. Des sacs-poubelles se trouvent à présent devant chaque entrée. L'odeur des belles-de-nuit n'a jamais été si forte en plein jour !

Assise au salon, ma mère feuillette ses revues *Mam'zelle*. Elle a retouché sa coiffure, mais elle est loin d'être impeccable. Et elle porte la même robe tachée, ce qui me surprend. Elle me sourit et déclare :

— Tu as de la graisse sur tes vêtements. Où as-tu encore été fouiner ?

Pas de « File te changer, les voisins vont penser que j'élève un petit cochon ! » Je m'assois sans dire un mot, trop étonné pour répondre. Elle enchaîne :

— Ton père m'a annoncé que les nouveaux voisins étaient déjà partis ? Dommage, je les aurais bien invités.

— Il paraît que la maison hantée ne leur convenait pas.

— Je ne suis pas surprise, répond-elle. Il faut être un peu bizarre pour habiter cette demeure.

Je retiens un sourire. Ma mère ne croit pas si bien dire !

Épilogue

L'après-midi a été très calme, mais je ne m'en plains pas. J'ai besoin de réfléchir à mon incroyable aventure.

Finalement, cet été restera le plus extraordinaire de ma vie ! Et, enfin, mes plombages ne me font plus mal !

Après un excellent souper – ma mère a commandé une pizza, du jamais vu à la maison –, je me réfugie dans ma cabane. À ma grande surprise, ma mère m'a proposé d'y dormir. On dirait que son cerveau a ramolli... ce qui n'est pas pour me déplaire !

Ce soir, je délaisse *Les péripéties du capitaine Crevasse* pour admirer les étoiles. Quelque part, dans une autre galaxie, se trouve la planète Grobltz...

Tiens, quel est ce bruit ? J'entends des crissements, comme ceux qu'on perçoit quand on n'arrive pas à syntoniser une station de radio. D'où peuvent-ils provenir ?

Mais... ça vient de ma bouche ! Tout à coup, je me fige, car une voix familière y résonne :

— Allo ? Aristide ? Ici Frelgtpxa, alias Tafia. Sur Grobltz, le temps s'écoule très vite. Quatre mois sont déjà passés... Devine quoi !

Misère ! Ils vont revenir sur Terre !